L'ÉQUILIBRE

EUROPÉEN

PAR

ÉMILE DE GIRARDIN

« La balance politique est encore aujourd'hui le leurre dont se servent les habiles pour l'avancement de leurs vues d'intérêt personnel, et la phrase formulaire dont les sots à prétention couvrent leur stupidité. »

MIRABEAU.

« L'équilibre politique est une rêverie. »

« Je ne pense pas qu'après ma chute et la disparition de mon système, il y ait en Europe d'autre grand équilibre possible que l'agglomération et la confédération des grands peuples. »

NAPOLÉON Iᵉʳ.

PARIS

MICHEL LÉVY FRÈRES, LIBRAIRES-ÉDITEURS

2 bis, RUE VIVIENNE.

M DCCC LIX

PRÉFACE

« Les opinions sont libres de s'exprimer sous l'égide d'une législation qui n'autorise aucun contrôle préventif; les opinions n'engagent que leurs auteurs (1). » Si nous rappelons cette déclaration solennelle du *Moniteur universel*, c'est afin d'être plus sûr qu'une responsabilité, que nous revendiquons exclusivement, ne risquera pas, cette fois, de s'égarer.

---

(1) *Moniteur universel* du 10 avril 1859.

L'EQUILIBRE

EUROPÉEN

I.

Prenez une carte d'Europe et un compas; promenez le compas sur la carte, refaites-la au gré de votre génie ou de votre fantaisie, soit en médiatisant certains États, soit en délivrant certains peuples de la domination étrangère, soit en ne reconnaissant pour frontières que celles naturellement tracées par la hauteur des montagnes, la profondeur des fleuves ou la largeur des mers, soit en n'attribuant le titre de nationalité qu'à la communauté de race et de langue, soit enfin en partageant l'Europe en deux grands empires : empire d'Orient et empire d'Occident, quelle que soit la division que vous adoptiez, division géographique ou division ethnographique, cette division sera toujours arbitraire, et l'Equilibre européen ne sera jamais qu'un dangereux mensonge.

Equilibre est un mot qui signifie : poids partagé si

également que l'un des deux côtés ne fasse pas pencher l'autre.

Appliquez donc cette signification strictement exacte à l'Europe ! Faites donc que l'Europe se tienne en équilibre sur elle-même et par elle-même ! Trouvez donc son centre de gravité !

Il y a deux dictionnaires : le dictionnaire à l'usage des gens, y compris la plupart des diplomates, qui parlent pour ne rien dire, et le dictionnaire à l'usage des penseurs, qui parlent pour donner à leur pensée un corps qui la rende saisissable. Rien de plus dangereux que les mots qui ne sont pas réellement des noms. Il n'est pas un seul de ces mots qui n'ait été couvert de sang. Que de guerres extérieures, civiles ou religieuses, que de révolutions avortées ou accomplies, que de proscriptions réciproques, que de querelles sans fin le genre humain se fût épargnées et s'épargnerait encore s'il eût réformé à temps, s'il réformait même tardivement son dictionnaire, s'il n'y eût admis, s'il n'y maintenait que les mots ayant une signification précise, le mot se vérifiant par la chose, la chose se vérifiant par les yeux ! L'un des mots qui en disparaîtrait le premier serait certainement celui-ci : *Équilibre européen.*

Par ce mot, les hommes qui prennent le titre d'hommes d'État, les dissertateurs de lieux-communs qui se mettent au rang de publicistes, entendent l'Europe telle que les traités de 1815 l'ont constituée politiquement, morcelée géographiquement. Ces idolâ-

tres du fait accompli ont divinisé l'Equilibre européen. Ils lui ont voué le même culte que les Romains
au dieu Terme. Ils disent sérieusement : *la foi des
traités*.

Est-il un seul gouvernement que les traités aient
jamais obligé? A quel titre l'obligeraient-ils? Quelle
est leur origine? la loi du plus fort. Quelle est leur
sanction? la loi du plus fort. Or, sur quoi, je le demande, se fonderait-on pour condamner un peuple
qui, à son tour, imposerait cette loi qu'il aurait su-
bie? Quelles nations se lèveraient pour le condamner,
qu'il ne fût en droit de récuser toutes? Qui dit victoire dit triomphe de la force, mais ne dit pas triomphe de la vérité. Or, si la vérité est essentiellement
absolue, essentiellement éternelle, la force est essentiellement relative, essentiellement éphémère. Celui
qui était le plus fort hier ne le sera plus demain. Heureusement! Ce qui place la force au-dessous de la vérité, c'est que la vérité ne succombe jamais que pour
triompher, tandis que la force ne triomphe jamais que
pour succomber. Elle porte en elle le principe qui la
condamne; elle est son propre arrêt. Ce qu'elle a
noué, ce qu'elle a élevé d'une main, de l'autre elle
le dénoue, elle le renverse. Un traité ne lie que les
parties qui l'ont librement consenti. Il ne lie le faible
à l'égard du fort que pendant le temps que le fort
reste le fort, et que le faible reste le faible. De vaincu
à vainqueur, il n'y a pas de traités, il n'y a que des
trèves : les vainqueurs de Waterloo étaient les vain-

cus d'Austerlitz. Le plus fort trouve toujours un plus fort que lui. Changez donc de langage ; servez-vous donc de mots qui aient un sens ! Dites, si vous le voulez, *la force des traités*, mais ne dites plus *la foi des traités*. Autant vaudrait dire la vérité de l'erreur, le doute de la certitude, l'innocence du crime.

Traité de Campo-Formio (18 octobre 1797), par lequel l'Autriche cédait à la France la Belgique avec Manheim et Philipsbourg, et à la République Cisalpine la Lombardie autrichienne ; traité de Lunéville (9 février 1801), par lequel l'Autriche reconnaissait à la France pour limites le Rhin et les Alpes, lui cédait toute la rive gauche du Rhin, y compris les comtés de Falkeinstein et le Fricktal, que la maison d'Autriche avait conservés dans les enclaves du canton de Bâle ; traité de Presbourg (26 décembre 1805), par lequel l'Autriche cédait à la France les anciens États de Venise, avec la Dalmatie et l'Albanie vénitienne, pour être réunis au royaume d'Italie, la principauté d'Eichstedt et une partie du territoire de Passau ; traité de Paris (12 juillet 1806), par lequel les rois de Bavière et de Wurtemberg, les électeurs de Ratisbonne et de Bade, le landgrave de Hesse-Darmstadt, le duc de Clèves et de Berg, les princes de la maison de Nassau, d'Isenbourg-Birstein, de Hohenzollern, d'Arenberg, de Salm, de Lichteinstein, se séparaient du corps germanique et formaient la Confédération du Rhin sous la protection de la France ; traité de Tilsitt (7 juillet 1807), par lequel le vainqueur d'Austerlitz, par égard pour l'empereur de Russie, consentait à restituer au roi de Prusse le duché de Magdebourg, la Marche de Priegnitz, la Marche de Brandebourg, le duché de Poméranie, la Basse et la Nouvelle-Silésie, le comté de Glatz, et à reconstituer enfin le royaume de Prusse tel qu'il existait au 1ᵉʳ janvier 1792, avec quelques places de plus; traité de Schœnbrunn (10 octobre 1809), par lequel l'Autriche cédait à la France le Salzbourg, une partie de la Haute-Autriche, le comté de Goritz, Trieste, la Carniole, Fiume, le littoral hongrois, l'Istrie et les îles; traités de Campo-Formio, de Lunéville, de Presbourg, de Paris, de Tilsitt, de Schœnbrunn, qu'êtes-vous devenus? Quelle foi vous a été gardée?

La foi des traités! Quelle plaisanterie! Quelle ironie! Qui l'invoque? Qui oserait l'invoquer? Qui donc l'a jamais gardée, ayant eu avantage à la rompre?

L'Equilibre européen n'ayant pas d'autre fondement que la foi des traités, et la foi des traités n'existant pas, que devient l'Equilibre européen?

II

L'équilibre est comme le mouvement, il se démontre par lui-même.

Si l'équilibre de l'Europe était véritablement une

loi, si la foi des traités était religieusement un lien, si elle engageait indissolublement toutes les parties contractantes ou garantes, la conséquence de cette foi, prouvant qu'elle est une foi sincère par l'accord de ses actes avec ses paroles, eût été le désarmement européen, sinon tout de suite, du moins graduellement et par voie de transitions, telles que d'abord la substitution de l'enrôlement volontaire au recrutement obligatoire, puis la transformation des armées, cessant d'être rivales, en une armée fédérale.

Depuis 1815, depuis quarante ans, les armées permanentes ont-elles été réduites, le servage militaire a-t-il été aboli?

Qu'est-ce que la paix armée, sinon la guerre expectante?

La paix armée est aux traités européens ce que le doute est à la foi; il en est la négation.

Railleurs du Congrès de la paix, conservateurs de l'Equilibre européen, où vous a conduits votre fameux précepte : *Si vis pacem para bellum?* Quelle guerre avez-vous empêchée en vous y préparant? Avez-vous empêché la guerre de Crimée, et, en la faisant, qu'avez-vous fait? Quel nœud a-t-elle dénoué, quel nœud a-t-elle tranché? N'a-t-elle pas compliqué la question d'Orient plus qu'elle ne l'a simplifiée?

Si la Russie profitait de notre intervention en Italie pour susciter, elle aussi, au nom des nationalités opprimées, un soulèvement en Turquie qui délivrât les chrétiens de la domination musulmane, qui empêcherait la Russie, portée par le flot des populations affranchies, de marcher rapidement sur Constantinople, de s'emparer du détroit des Dardanelles, et de le garder du même droit que l'Angleterre garde le détroit de Gibraltar? Serait-ce la France, occupée à chasser de l'Italie les Autrichiens? Serait-ce l'Autriche, occupée à se défendre sur le Tessin contre les Français? Serait-ce l'Angleterre, qui n'a pas d'armée? Serait-ce la Prusse, qui n'a pas de marine? Seraient-ce l'Angleterre et la Prusse réunies? Mais quel intérêt assez grand la Prusse aurait-elle à s'opposer à ce que les Russes arrivassent aux bords de la Méditerranée, pour qu'elle s'exposât au risque de dégarnir les rives du Rhin? Pour avoir la preuve que l'expédition d'Italie est politiquement faite en sens contraire de l'expédition de Crimée, il suffit de se poser cette double question :

Aujourd'hui, qui la probabilité donne-t-elle à la France pour alliée? N'est-ce pas la Russie, son ennemie d'hier?

Aujourd'hui, qui la France a-t-elle ou s'attend-elle à avoir pour ennemies? Ne sont-ce pas l'Autriche, l'Angleterre et la Prusse, ses alliées d'hier?

Est-ce vrai, oui ou non?

De la veille au lendemain, quelle preuve plus concluante que la guerre est toujours une complication, et n'est jamais une simplification!

Si concluante que soit cette preuve, elle ne sera pas la dernière. On ne sort pas de la voie des complications et des contradictions aussi facilement qu'on y entre.

L'expédition d'Italie soulèvera toutes les questions

Question de l'unité ou de la confédération italienne ;

Question de la puissance temporelle du pape ;

Question de l'Autriche passionnant la Confédération germanique ;

Question des nationalités ;

Question des neutralités ;

Question des alliances ;

Question des frontières naturelles ;

Question du remboursement des frais de la guerre ;

Question de la liberté des mers ;

Question de la neutralité des détroits ;

Question de la navigation des fleuves ;

Question du percement de l'isthme de Suez ;

Question de la Sicile ;

Question de l'Égypte ;

Question de la Turquie ;

Questions de principes et questions de princes ;

Questions, enfin, de l'Équilibre européen et de la Foi des traités.

III

L'histoire attestant que ces mots : *Équilibre européen et Foi des traités* ne signifient rien ; l'expérience démontrant que toute victoire comme toute médaille a son revers, en faudrait-il conclure que la politique est une voie sans issue, un édifice sans base, un art sans principes, moins que cela, un jeu sans règles? — Non; il faut en conclure seulement qu'il y a une autre politique à suivre que la politique du passé.

IV

Il y a trois politiques :

La politique ancienne, ayant pour fin la grandeur territoriale des États par la conquête et pour moyen la guerre ;

La politique nouvelle, ayant pour fin le bien-être universel des peuples par le travail et pour moyen la paix ;

La politique mixte, car elle n'est ni la paix ni la guerre, ayant pour fin l'influence par le désintéressement et pour moyen l'intervention.

On sait où mène la politique ancienne. Elle ne mène à la grandeur que pour aboutir à la décadence : Rome est là pour le montrer; Montesquieu est là pour le dire.

Nulle puissance n'a fait à la politique mixte d'aussi grands sacrifices que la France. Quelle influence prépondérante, seulement appréciable, lui ont acquise et assurée : — aux États-Unis le traité de 1778, en

exécution duquel le comte de Rochambeau, allant défendre leur indépendance, partit avec un corps d'armée, ayant pour lieutenants le général de Lafayette
et le général de Lauzun? En Espagne, la guerre de
1823, prêchée par Châteaubriand? En Grèce et à
Munich l'expédition de Morée terminée en 1829 par
le débarquement du général Maison dans le golfe de
Calamata, et, un an après, par le couronnement du
prince Othon, l'un des fils du roi de Bavière? En
Belgique, le siége d'Anvers par le maréchal Gérard,
partant de Paris en toute hâte pour arrêter, après la
défaite de l'armée belge à Hasselt, le prince d'Orange
marchant victorieusement sur Bruxelles et pour empêcher la Belgique d'être de nouveau subjuguée par la
Hollande? En Égypte, le risque d'une guerre à soutenir contre l'Angleterre, l'Autriche, la Prusse, la Russie
et la Turquie, risque auquel s'est exposée la France, en
1840, pour défendre la souveraineté du pacha? En Italie, l'occupation de Rome depuis 1849? En Turquie,
l'initiative française remorquant avec effort le gouvernement britannique, sans toutefois parvenir à entraîner
ni l'Autriche ni la Prusse, l'une et l'autre cependant
signataires du traité conclu à Londres le 15 juillet
1840? Je ne citerai qu'un seul exemple et le plus ré-
cent : la France se prononce en faveur de l'union des
Principautés moldo-valaques ; elle croit cette union
juste, elle la croit nécessaire. Eh bien ! qui la France
rencontre-t-elle pour y mettre obstinément opposition?
Elle rencontre pour opposant l'empire turc appuyé

sur l'Autriche, l'empire turc que nous avons sauvé au prix de quinze cent millions de francs dont nous avons chargé notre dette, et de la vie de cent-cinquante mille Français dont nous finissons à peine de porter le deuil. Cet exemple suffit pleinement, je le crois, pour montrer que s'il est une politique qui garde la semence sans donner de moisson, c'est assurément la politique mixte.

La politique nouvelle, je ne le cache pas, est celle qui a toutes mes sympathies. Malheureusement on ne peut juger de ses fruits que par ses bourgeons. Elle n'a pas encore trouvé un grand souverain ou un grand ministre qui l'incarnât et la glorifiât en lui. Elle n'a pas encore régné, car le nom de règne ne saurait être donné à l'intermittence. Ce qui distingue essentiellement la politique nouvelle de la politique ancienne, c'est que la politique ancienne compte les territoires pour tout et les peuples pour rien, tandis que la politique nouvelle compte les territoires pour rien et les peuples pour tout. Ce qui prouve que la politique ancienne est caduque, c'est son impuissance à résoudre aucune des questions qu'il n'est pas possible cependant d'ajourner.

Trois mots résument les trois politiques :

Politique ancienne : — Conquêtes.

Politique mixte : — Sacrifices.

Politique nouvelle : — Echanges.

V.

La France a solennellement déclaré en ces termes qu'elle avait renoncé à la politique ancienne, à la politique territoriale, à la politique de conquêtes :

« Quand on ne veut que la justice, on ne craint
» pas la lumière. Le gouvernement français n'a rien
» à cacher, parce qu'il est sûr de n'avoir rien à dés-
» avouer. L'attitude qu'il a prise dans la question
» italienne, loin d'autoriser les défiances de l'esprit
» germanique, doit au contraire lui inspirer la plus
» grande sécurité. La France ne saurait attaquer en
» Allemagne ce qu'elle voudrait sauvegarder en Ita-
» lie. Sa politique, qui désavoue toutes les ambitions
» de conquête, ne poursuit que les satisfactions et
» les garanties réclamées par le droit des gens, le
» bonheur des peuples et l'intérêt de l'Europe. En
» Allemagne comme en Italie, elle veut que les na-
» tionalités reconnues par les traités puissent se
» maintenir et même se fortifier, parce qu'elle les
» considère comme une des bases essentielles de l'or-
» dre européen.

» Représenter la France comme hostile à la natio-
» nalité allemande n'est donc pas seulement une er-
» reur, c'est un contre-sens.

» La politique de la France ne saurait avoir deux
» poids et deux mesures ; elle pèse avec la même équité
» les intérêts de tous les peuples. Ce qu'elle veut
» faire respecter en Italie, elle saura le respecter
» elle-même en Allemagne. Ce n'est pas nous qui se-
» rions menacés par l'exemple d'une Allemagne na-
» tionale qui concilierait son organisation fédérative
» avec les tendances unitaires dont le principe a été
» posé déjà dans la grande union commerciale du
» *Zollverein.* Tout ce qui développe dans les pays voi-
» sins les relations créées par le commerce, par l'in-
» dustrie, par le progrès, profite à la civilisation, et
» tout ce qui agrandit la civilisation élève la
» France. » (1)

J'applaudis des deux mains à cette déclaration, réi-
térée sous toutes les formes.

Entre la guerre avec ses conquêtes et la paix avec
ses bienfaits, je n'ai jamais hésité. Je donnerais la
gloire de tous les siècles pour un siècle de liberté. La
liberté a tous les avantages de la conquête et n'en a
pas les charges.

La France reprit-elle ses frontières de 1811, ses
frontières de Campo-Formio, c'est-à-dire les Alpes et
le Rhin ; la Belgique, la Prusse rhénane et la Bavière
rhénane devinssent-elles, de nouveau, des départements français, que la France n'en serait pas moins

---

(1) *Moniteur universel,* 10 avril 1859.

2

obligée de payer la houille de Mons et le fer de Char-
leroi le même prix qu'elle les paye avant qu'ils aient
acquitté les droits de douane qui se perçoivent, non
à la sortie de Belgique, mais à l'entrée en France.
Peu importe donc que la houille extraite des mines
de Mons et de Liége le soit par un Belge naturalisé
Français ou par un Belge heureux et fier de demeu-
rer Belge ! La France n'y gagnerait que l'économie
des droits de douanes ; or, cette économie, il dépend
d'elle d'en jouir le jour qu'elle le voudra ; il lui suffit
pour cela de réformer ou d'abolir son régime douanier.
Dût-on, ce que je n'admets pas, dût-on donner une
indemnité aux intérêts particuliers lésés par la suppression des douanes, que cette indemnité, si consi-
dérable qu'elle fût, serait loin de coûter ce que coû-
terait la conquête du sol. Pour entrer profondément
dans la politique nouvelle que je conçois, il n'y a
qu'à substituer l'échange universel à l'Équilibre européen. L'échange universel est une loi, l'Équilibre européen n'en est pas une. Nationalement, je ne tiens
point à la possession territoriale par la France de la
Belgique, de la Prusse rhénane et de la Bavière rhénane ; ce seraient naturellement des bras de plus qui
s'ajouteraient aux nôtres ; mais aussi ce seraient des
bouches de plus qu'il faudrait remplir. Au point de
vue de la dynastie impériale, cette extension aurait
une incontestable importance, mais cette extension
n'en a pas au point de vue de la politique universelle. Je n'y tiens que logiquement ; je n'y tiens

qu'autant que la France fait la guerre ; alors, je le répète, que ce soit pour s'agrandir territorialement et acquérir ce qui lui manque, ce qu'elle a perdu après l'avoir possédé, ce qu'enfin la politique ancienne a si longtemps appelé : « Nos frontières naturelles. » De quelle politique s'agit-il? S'agit-il de la politique ancienne? la guerre est ce qui la caractérise. Alors je revendique le Rhin et les Alpes, je suis pour que la victoire ait une sanction ; cette sanction, c'est la conquête ; je ne suis pas pour la victoire qui s'en va en fumée de poudre à canon emportée par le vent. S'agit-il de la politique nouvelle? La paix est ce qui la caractérise. Alors je suis pour qu'on neutralise les Alpes en y creusant des tunnels, et qu'on dénationalise le Rhin en y jetant des ponts à l'épreuve des convois de chemins de fer. Mais je ne suis pas pour qu'on détruise d'une main ce que de l'autre on a construit ; je demande donc qu'on n'accouple pas deux politiques qui s'excluent, qu'on n'abrite pas la paix sous le nom de la guerre, qu'on ne se serve pas de la guerre pour rendre, dit-on, la paix plus solide, et de la paix pour rendre la guerre plus meurtrière. S'agit-il de la politique mixte? Ce qui la caractérise, c'est l'incertitude. On permettra que je ne me hasarde pas à la discuter et que je me borne à déclarer que je ne la comprends point. En effet, je ne comprends que les deux politiques extrêmes, personnifiées l'une par Napoléon, l'autre par Fulton, ces deux contemporains, ces deux conquérants de l'Univers, ces deux grands génies ; mais si je les comprends l'une et l'autre, ce n'est pas à dire que je les place au même rang et que je ne mette pas la politique de circulation, qui annule les frontières, fort au-dessus de la politique de destruction qui les recule, celle-ci faisant servir à fondre des canons et à forger des baïonnettes l'argent des contribuables et les bras du travailleur qui serviraient à celle-là à construire des bateaux à vapeur et des chemins de fer portant partout la civilisation au lieu d'y porter la domination. Il n'est pas une conquête territoriale, si grande qu'elle soit, qui n'ait coûté cent fois sa valeur. Il n'est pas une découverte industrielle, si petite qu'elle soit, qui n'ait rapporté mille fois son prix. Plus la guerre se prolonge et plus elle est stérile ; plus la paix se prolonge et plus elle est féconde. La guerre est un jeu où l'on risque de perdre aussi souvent que de gagner, tandis que la paix est un placement où tout est gain et où rien n'est perte. Cependant, il faut être juste, je reconnais que la guerre a un avantage ; la guerre fait aimer la paix comme la tyrannie fait aimer la liberté.

On le voit, je suis pleinement de l'avis du *Moniteur universel* quand il déclare qu'il « désavoue toutes les ambitions de conquêtes, » et qu'il ajoute éloquemment que « tout ce qui agrandit la civilisation élève la France. »

Cela est vrai, la civilisation étant : la conquête transformée, la conquête par la concurrence au lieu de la conquête par la guerre, la conquête par la supériorité des produits au lieu de la conquête par la supériorité des armes, la conquête par l'assimilation des idées au lieu de la conquête par l'appropriation des territoires.

Que la Belgique reste donc la Belgique! Que la Prusse rhénane reste donc la Prusse rhénane! Que la Bavière rhénane reste donc la Bavière rhénane! Que la Savoie reste donc la Savoie! Mais aussi que la France reste la France avec tous les avantages que lui assure la paix, et qui lui garantissent immanquablement la liberté!

VI

On ne dira pas de cette exhortation qu'elle a attendu pour se faire entendre qu'elle fût tardive, qu'elle fût couverte par le bruit du canon. Pour être arrivée opportunément, elle n'en a pas été moins vaine. Mais regarder derrière soi ne sert qu'à ceux qui se sont égarés ou qui fuient; c'est devant soi qu'il faut regarder quand on est certain de son but, sûr de sa conscience, se trouvât-on en face d'un horizon de baïonnettes tirées des fourreaux et mises au bout des fusils.

Déjà le canon a commencé sa moisson d'hommes: officiers et soldats, Autrichiens et Français.

Du Pô à l'Adriatique vaste est le champ!

De cette guerre entre deux alliés de la veille, quel est le motif?

J'interroge l'Autriche,—elle répond : Le maintien de l'Equilibre européen.

J'interroge la France,—elle répond : Le maintien de l'Equilibre européen.

Si toutes deux le défendent, comment donc se battent-elles l'une contre l'autre?

L'Autriche prétend qu'il est nécessaire à l'Equilibre européen qu'elle continue d'occuper la Lombardie et la Vénétie, et de peser sur les gouvernements de Rome, de Toscane, de Parme et de Modène.

La France prétend qu'il est nécessaire à l'Equilibre européen que la Lombardie et la Vénétie rentrent en possession de leur nationalité, et que les gouvernements de Rome, de Toscane, de Parme et de Modène rentrent en possession de leur indépendance.

Le maintien de l'Equilibre européen intéressant l'Angleterre et la Prusse (je laisse la Russie à l'écart) non moins que l'Autriche et la France, que disent, que font la Prusse et l'Angleterre?

L'Angleterre arme au nom de la neutralité (1).

Si elle est sincère, si elle compte rester neutre, pourquoi arme-t-elle? Si elle n'est pas sincère, si elle ne compte pas rester neutre, contre qui arme-t-elle? Si l'Angleterre éprouve véritablement les sympa-

____

(1) Voir l'Appendice.

thies qu'elle déclare hautement ressentir pour la cause italienne, que ne se joint-elle à la France, que n'envoie-t-elle une de ses flottes devant Trieste, tandis que l'une des nôtres bloquerait Venise? Que ne fait-elle avec nous contre l'Autriche dans la mer Adriatique ce qu'elle a fait avec nous contre la Russie dans la mer Noire? Ce serait à la fois généreux et prudent, car en même temps que ce serait affranchir l'Italie, ce serait lier la France, ce serait empêcher qu'elle ne fût peut-être entraînée à aller plus loin que le but par la pesanteur même de ses sacrifices : hommes et argent. Que signifient ces phrases sonores, mais creuses, sur « la foi des traités et le maintien de l'Equilibre européen? » Ou c'est l'Autriche qui, par une influence abusivement exercée sur le gouvernement de Naples, sur l'administration des Etats pontificaux, sur le grand-duché de Toscane, sur les petits duchés de Modène et de Parme, a porté par des traités réputés secrets atteinte à l'Equilibre européen, et dans ce cas pourquoi l'Angleterre ne s'allie-t-elle pas à la France contre l'Autriche ; ou c'est la France qui, par une alliance contractée avec le Piémont dans l'intérêt de la nationalité italienne, a ébranlé l'Equilibre européen, et dans ce cas, pourquoi l'Angleterre ne s'allie-t-elle pas à l'Autriche contre la France? La neutralité armée est encore un de ces néologismes du vocabulaire politique moderne qui n'ont absolument aucun sens. La puissance qui demeure effectivement neutre n'a rien à craindre ; si elle n'a rien à craindre, pourquoi arme-t-elle? Si, au contraire, sa crainte est fondée, quel cas, encore une fois, faut-il faire de l'Équilibre européen? L'Angleterre sait parfaitement que l'Autriche ne possède que six frégates, cinq corvettes et sept bricks, en tout, cent deux bâtiments portant huit cent quatre-vingt-neuf canons; l'Angleterre n'a donc à redouter aucune agression de l'Autriche. Alors que veut dire : Neutralité armée dans les bouches de lord Derby, de lord Palmerston et de lord Russell? Ou les mots neutralité armée n'ont, de la part de l'Angleterre, aucun sens, ou ils signifient neutralité suspecte, c'est-à-dire neutralité plus menaçante que menacée, c'est-à-dire encore l'Angleterre se défiant de la France et provoquant ainsi la France à se défier de l'Angleterre. La conduite que tient l'Angleterre est-elle la conduite d'une grande puissance? Le langage que tiennent ses ministres est-il le langage d'orateurs sérieux? Que faut-il en penser et que doit-on en conclure?

La même observation s'adresse non moins justement à la Prusse, qui tient la même conduite, sinon le même langage. Entre l'Angleterre et la Prusse, il y a cette différence que l'Angleterre s'est prononcée en faveur de la neutralité et que la Prusse s'est déclarée contre ; ce qui est tout aussi obscur (1). Puisque la Prusse n'entend pas garder la neutralité, qu'attend-elle donc pour en sortir? Parle-t-elle pour

---

(1) Voir l'Appendice.

ne rien dire ou parle-t-elle pour que les mots expriment sa pensée? Que signifient aussi dans sa bouche ces mots si souvent répétés : « La foi des traités et le maintien de l'Equilibre européen? »

La foi des traités a-t-elle été violée? — Par qui et en quoi? L'Equilibre européen a-t-il été ébranlé? En quoi et par qui? Pourquoi ne pas le dire tout simplement? Pourquoi se réfugier dans l'équivoque? Un jour ou l'autre, ne faudra-t-il pas en sortir? Pourquoi donc n'en pas sortir tout de suite avant que les plaines fécondes et les riches moissons du Piémont et de la Lombardie aient été dévastées par le passage des troupes, avant que les mûriers et les oliviers aient été coupés pour allumer le feu des bivouacs, avant que les routes aient été effondrées par le poids des caissons, avant que les arches des ponts aient été démolies, avant que les chemins de fer aient été coupés, avant que les habitations aient été incendiées, avant que les habitants aient été fusillés, avant que d'honnêtes femmes et de jeunes filles aient été violées, avant que trois braves armées se soient exterminées, toujours au nom de la foi des traités et du maintien de l'Equilibre européen?

Politique, pour quoi et pour qui donc as-tu été inventée! Gouvernements, pour quoi et pour qui donc existez-vous! Moralistes, publicistes, philosophes, historiens, législateurs, à quoi sert que vous ayez pensé, à quoi sert ce que vous avez écrit! Chrétiens de toutes les communions, à quoi bon que vous ayez

construit des églises et des temples, à quoi bon que
vous entreteniez à grands frais des prêtres et des ministres, si c'est pour agir comme si vous ne croyiez
pas et si vous ne vous donnez entre vous le nom
de frères que pour vous entretuer ! Ou cessez de
soutenir la divinité de l'Evangile ou respectez-le. Je
l'avoue, je ne comprends pas deux archevêques : l'un
ordonnant des prières pour le triomphe de l'armée
autrichienne, c'est-à-dire pour l'extermination de l'armée française ; l'autre ordonnant des prières pour le
triomphe de l'armée française, c'est-à-dire pour l'extermination de l'armée autrichienne ; ce que j'aurais
compris, c'est que l'un et l'autre, unissant leur voix,
s'accordassent pour déclarer la guerre fratricide et
prêcher la paix sainte au nom du Dieu commun.

VII

La paix sainte ! — Comment, me dit-on, pouvez-
vous donner un tel nom à un état de choses qui, s'il
n'était pas détruit par la guerre, perpétuerait l'op-
pression de l'Italie par l'Autriche ? La guerre est l'uni-
que moyen de mettre un terme à ce joug qui n'a que
trop longtemps duré. La preuve que ce moyen est le
seul, c'est que le défi vous est publiquement porté
d'en indiquer un autre.

Je pourrais répondre :

La sagesse consiste à tout prévoir.

La France peut remporter en Italie sur les Autrichiens de rapides et d'éclatantes victoires qui les forcent d'évacuer la Lombardie et la Vénétie.

La France peut rencontrer des résistances qui soient très longues et qui lui coûtent beaucoup d'hommes et beaucoup d'argent.

La France peut tomber dans des complications qui préparent une défaite.

Il y a donc lieu d'examiner ces trois hypothèses.

Première hypothèse. — La France est victorieuse ; mais elle trouve devant elle la Prusse inquiète, l'Angleterre ombrageuse qui, au nom de l'Equilibre européen ébranlé, lui commandent de ne pas toucher au territoire lombard. Que faire?

Deuxième hypothèse. — La France rencontre d'énergiques résistances qui font traîner la guerre en longueur et nécessitent de nouveaux emprunts et de nouvelles levées d'hommes; ces levées, ces emprunts font murmurer contre une guerre où tous les sacrifices, tous les risques, tous les périls, sont du côté de la France, sans aucune compensation matérielle. Les murmures se changent en récriminations. Que faire

Troisième hypothèse. — La France est aux prises avec une coalition. Il n'est qu'un moyen de la dissoudre et de la vaincre, c'est d'en appeler de toutes parts et par tous les moyens à l'esprit de révolution, mais ce serait s'exposer à trouver un juge là où on chercherait un auxiliaire. Que faire?

Je pourrais ajouter :

Plus on approfondit la question de l'intervention française en Italie, et moins on s'explique que la France se soit placée dans une situation où elle a tout contre elle et où elle n'a rien pour elle; car, même dans le cas le plus favorable, le cas où la France parviendrait à chasser complètement les Autrichiens de l'Italie, sans qu'elle en soit empêchée par la Prusse et l'Angleterre, resterait encore la question de la puissance temporelle du pape à concilier avec l'indépendance de l'Italie et la liberté des Romains.

Mais cette réponse n'est pas celle que je ferai. Échapper à une objection par une autre objection, c'est éluder le débat, ce n'est pas le vider.

Je répondrai :

Par la paix, l'Italie serait arrivée, sinon à l'indépendance qui est un mot, certainement à la liberté qui est un fait, à la liberté qui est à l'indépendance ce que la proie est à l'ombre. La paix, c'était la Lombardie, c'était la Vénétie sillonnées de chemins de fer, conséquemment c'était l'Autriche soumise à la surveillance journalière de tous les visiteurs anglais, américains et français, c'était l'Autriche placée sous le contrôle de la presse étrangère et sous la pression de l'opinion européenne (1). L'Autriche l'avait si bien senti que déjà, en 1857, elle avait choisi le mieux intentionné de ses archiducs, l'archiduc Maximilien, pour lui confier le gouvernement du Lombard-Vénitien, et qu'elle s'était empressée d'adoucir considérablement la rigueur de ses anciennes formalités inquisitoriales de police. De Milan à Venise on voyageait aussi librement que de Paris à Marseille. C'est-là un fait qui ne sera contesté par aucun voyageur véridique. Quelle que soit la résistance que les gouvernements y opposent, quelle que soit la vigilance qu'ils y apportent, tous seront impuissants à empêcher que la liberté ne s'introduise chez eux par les chemins de fer, sous le couvert du crédit et de l'échange, du travail et du bien-être. Les chemins de fer mènent à l'unité de liberté, l'unité de liberté mène à la solution de toutes les questions si entortillées sous le nom d'Equilibre européen qu'il est aussi difficile de les trancher par le sabre ou par la hache que de les dénouer par la diplomatie. Les gouverne-

---

(1) L'Empereur, appuyant sur l'infaillibilité, en dernière analyse, du triomphe des idées modernes, disait : « Comment ne l'emporteraient-elles pas ? Observez bien le train des choses : *même en opprimant aujourd'hui on se pervertit, selon eux !* car voyez le style, les concessions, l'allure forcée des oppresseurs ! »

NAPOLÉON. *Mémorial de Sainte-Hélène,* 19 novembre 1816.

Un sultan turc ne saurait aujourd'hui gouverner longtemps aucune des nations éclairées de l'Europe ; l'empire des lumières serait plus fort que sa puissance.

NAPOLÉON. *Mémorial de Sainte-Hélène,* 6 novembre 1815.

ments sont placés dans cette étroite et inévitable alternative : ou il faut qu'ils se résignent à subir le pouvoir de la liberté, ou il faut qu'ils se condamnent à se priver de l'avantage des chemins de fer. S'en priver, est-ce possible? Ce serait vouer volontairement leurs États au dépérissement par l'isolement, à la ruine nationale par l'infériorité industrielle, à l'agonie et enfin à l'absorption territoriale par l'impuissance même de la guerre défensive. En effet, comment sans chemins de fer et sans bateaux à vapeur lutter contre une puissance qui à l'aide de ses bateaux à vapeur et de ses chemins de fer pourrait transporter cent mille soldats avant que la puissance réfractaire à la liberté ait eu le temps de faire marcher péniblement dix mille hommes? Au siècle où nous vivons, nul n'est rebelle impunément au progrès. Quoiqu'il ne traîne à sa suite ni gendarmes, ni geôliers, ni bourreaux, il n'en punit pas moins sévèrement les États qui le repoussent en même temps qu'il récompense largement les États qui l'accueillent. C'est en portant ainsi en lui-même sa sanction qu'il prouve qu'il est une loi : la loi de l'humanité.

J'appelle l'unité de liberté la même liberté pour l'Anglais que pour l'Américain, pour le Français que pour l'Anglais, pour l'Allemand que pour le Français, pour l'Italien que pour l'Allemand; j'appelle l'unité de liberté, la liberté pour tous sans distinction de nationalités ni de gouvernements; j'appelle l'unité de liberté l'universalité graduelle du droit commun. Quand la question accessoire d'indépendance nationale ainsi vidée dans la question principale de liberté individuelle se réduit à n'être plus qu'une mince question de quotité et d'emploi de l'impôt perçu, cette question vaut-elle, je le demande, d'être mise en balance avec les désastres inséparables d'une guerre ou avec les excès inséparables d'une révolution ? Encore si la guerre ou la révolution tranchait la question de liberté en même temps que la question d'indépendance ! Mais non, l'une survit à l'autre. La preuve que la liberté sans la paix est impossible, c'est que le premier acte du gouvernement piémontais se préparant à la guerre a été de suspendre l'exercice de toutes les libertés que garantissait sa constitution, précédent qui n'a pas tardé à être invoqué par le gouvernement provisoire de Toscane (1). Si la liberté sans la paix est impossible, ce que je n'admets pas, et je m'appuie sur l'exemple de l'Angleterre, pourquoi s'être donné le tort d'avoir créé ce fâcheux précédent dont l'Autriche n'aura pas manqué de se prévaloir ?

VIII.

L'unité de liberté a cet avantage que lorsqu'elle doit sa maturité aux rayons de la paix, elle profite

---

1 Voir l'Appendice.

aux peuples sans nuire aux gouvernements, sans les ébranler, sans les renverser. Peu lui importe que la forme du gouvernement soit monarchique ou républicaine, héréditaire ou élective, aristocratique ou démocratique! La preuve, c'est que la liberté est à peu près égale aux États-Unis, où c'est la démocratie qui exerce le gouvernement, et dans le Royaume-Uni, où c'est l'aristocratie qui possède le pouvoir.

Les souverains couronnés sont, plus qu'ils ne le croient, désintéressés dans la question de liberté ; s'ils osaient la regarder en face et la sonder jusqu'au fond, ainsi que je l'ai fait, ils ne tarderaient pas à s'en convaincre, et peut-être alors, ceux-là surtout qui ne sont pas constitutionnellement irresponsables, seraient-ils les premiers à souhaiter que s'accomplisse la séparation entre le *pouvoir* nécessairement *indivisible* et le *pouvoir* essentiellement *individuel*, séparation naturelle aussi facile à établir que celle qui existe entre le champ qui appartient à l'individu et le champ qui appartient à la commune (1). Que dirait-on d'un Etat où la voie publique occuperait autant d'espace que la propriété privée ; la circulation autant d'espace que la culture? Eh bien! c'est ce qui a lieu lorsque le pouvoir social partageant en deux la liberté humaine, en prend cinquante sur cent et n'en laisse que cinquante

***

(1) Voir QUESTIONS DE MON TEMPS, tome VIII : *Autorité et Liberté séparées*, p. 239 ; *Liberté du Pouvoir et Pouvoir de la Liberté*, p. 250 ; la *Liberté contenue*, p. 310 ; le *Pouvoir divisé*, p. 321.

sur cent au pouvoir individuel. Aux Etats-Unis, le pouvoir social prend un, et le pouvoir individuel garde quatre-ving-dix-neuf. En Europe, dans beaucoup d'Etats, c'est la proportion inverse qui a encore lieu. Ainsi s'expliquent les révolutions successives et réitérées qui, depuis 1820, ont eu lieu à Naples, en Espagne, en France, en Belgique, en Portugal, à Rome, à Florence, à Modène, à Milan et à Venise. Inutile d'y chercher d'autre cause.

Si l'Italien avait la plénitude de sa liberté, et que l'Italie lui rapportât tout ce que le travail, stimulé par la concurrence, pourrait lui faire produire ; si l'Italien était content de son sort et que l'Italie fût prospère, en quoi l'Empereur d'Autriche en serait-il moins puissant, moins riche, moins heureux? Est-ce donc une prérogative si douce à exercer, si précieuse à conserver que le pouvoir de faire fouetter des femmes et de faire pendre des hommes n'ayant commis d'autre crime que celui de trouver peu paternel ce mode de persuasion? Est-ce que la compression aux mains des souverains ne devient pas de moins en moins une force et de plus en plus un danger pour eux? Le jour n'est pas éloigné, je le pressens, où les gouvernements, en Europe, comprendront qu'ils ont plus encore que les peuples à gagner à la liberté. En effet, la liberté restituée aux peuples dégage la responsabilité des gouvernements. La responsabilité étant égale à l'autorité, diminuer ou étendre l'une, c'est diminuer ou étendre l'autre.

Liberté signifie : Responsabilité.

Autorité signifie : Responsabilité.

Conséquemment, liberté et autorité sont des mots dont le sens serait le même si la liberté n'était la responsabilité personnelle, directe et généralement encourue, tandis que l'autorité est la responsabilité impersonnelle, indirecte, et généralement éludée. L'autorité, c'est la responsabilité de un pour tous. La liberté, c'est la responsabilité de chacun pour soi; en d'autres termes, l'autorité, c'est la responsabilité collective, la liberté, c'est l'autorité individuelle.

Finalement, que faut-il entendre par le mot : Liberté ?

Par le mot : Liberté, il faut entendre l'anéantissement de tout ce qui fait obstacle à l'entier développement de la puissance corporelle et intellectuelle de l'homme. Rien de plus, rien de moins. L'empêcher de dire ce qu'il pense, c'est mettre obstacle au développement de la croissance et de la puissance intellectuelle, comme le mettre dans l'impossibilité matérielle de mouvoir les pieds et les bras serait mettre obstacle au développement de sa croissance et de sa puissance corporelle. La raison de l'homme est la limite de sa liberté. Je ne reconnais aux gouvernements qu'un moyen légitime de restreindre sa liberté, c'est d'étendre sa raison. Qui dit société dit liberté. Où la liberté ne règne pas, c'est la force qui règne. Qu'est-ce que la force ? - La barbarie. Qu'est-ce que la liberté ?— La civilisation. La prétention de sauver la société est ce qui perd tous les gouvernements. Il n'est qu'un moyen de mettre la société en sûreté, c'est de commencer par y mettre la liberté. L'impuissance est le châtiment réservé à tout gouvernement qui se défie de la liberté. Il n'y a plus de puissance et de grandeur qu'avec la liberté et par elle. Nulle part la liberté ne se dément ; partout elle accroît la richesse qui accroît le travail (1); le travail, qui accroît l'instruction; l'instruction, qui accroît la raison ; la raison, qui accroît la moralité, laquelle n'est que la raison appliquée ; le tout se résumant dans ce seul mot : — Civilisation. La liberté existe en Angleterre et en Belgique : quels pays, en Europe, sont plus prospères et plus tranquilles? La reine Victoria en est-elle moins reine de la Grande-Bretagne, et le roi Léopold en est-il moins roi de la Belgique? Conséquences de la liberté : — Plus de guerres, plus de révolutions. Tendre à remplacer l'autorité du roi par l'autorité de la loi a déjà été un progrès ; tendre à remplacer l'autorité de la loi par l'autorité de la science, la soumission forcée par la soumission volontaire : tel est le but vers lequel marche et doit marcher l'humanité. Les rois finiront par le comprendre ; j'en ai pour garant leur propre intérêt (2).

---

(1) « Les pays ne sont pas cultivés en raison de leur fertilité, mais en raison de leur liberté. »

MONTESQUIEU : *Esprit des Lois.*

(2) « La tyrannie est condamnée à être conséquente. Elle est en

Quelles libertés laissées ou restituées à l'Italie par l'Autriche auraient exposé l'empereur François-Joseph à des périls égaux à ceux qui le menacent, et qu'ont appelés sur lui les abus de sa domination?

IX

Tout autre équilibre qu'on tentera de substituer à l'Equilibre européen qui chancelle, ne sera qu'un équilibre vain. L'unité de liberté est le seul moyen qui existe de résoudre les questions insolubles de nationalités et de simplifier les questions compliquées de territoires. S'il est un autre moyen, qu'on me l'indique. C'est inutilement que je l'ai cherché dans tous les ouvrages qui ont paru, dans tous les projets qui se sont produits.

---

danger par la moindre liberté et ne doit jamais oublier d'étouffer jusques à la dernière. »

De Barante

«Tant qu'il reste une âme juste avec des lèvres hardies, le despotisme est inquiet, il s'agite, il se doute que l'éternité conspire contre lui. »

Lacordaire.

« Quand la politique humaine attache sa chaîne au pied d'un esclave, la justice divine en rive l'autre bout au cou du tyran. »

Bernardin de Saint-Pierre.

« Tout dégénère, même la tyrannie ; des tyrans actifs, on arrive aux tyrans fainéants. »

Chateaubriand.

Qu'est-ce qu'une nationalité? A quel signe se fait-elle reconnaître? Quels sont les titres qui en constituent la légitimité? Si l'on remonte le cours des siècles, on trouve deux Bohêmes, trois Hongries, quatre Angleterres, cinq ou six Frances? Distingue-t-on en Espagne le Maure et le Romain du Lusitanien et du Celtibère, en séparant d'eux ce qui reste de la famille gothique? Faudra-t-il chercher en Italie ce qui est d'origine latine, d'origine grecque, d'origine celtique, d'origine lombarde, d'origine ostrogothe? Les Juifs qui ont tous la même religion et presque partout les mêmes mœurs, parlent dix langues différentes et ne s'entendent pas entre eux : les Français qui parlent la même langue proviennent de huit origines authentiquement établies : lesquels forment une nationalité, des Juifs ou des Français? Quelle garantie la nationalité donne-t-elle à l'individualité?

Lorsque après vingt ans de guerre, la France, en 1811, bornée au midi par les Pyrénées, les Alpes, les Apennins et la Méditerranée, au nord par la mer du Nord et l'Elbe, à l'ouest par la Manche, à l'est par le Tibre et le Rhin, se composait de 132 départements, l'Europe en était-elle plus libre, plus riche, plus heureuse, plus solidement en équilibre sur elle-même?

Si je consulte l'empereur Napoléon Ier pour savoir ce qu'il pensait des nationalités et comment il concevait le partage de l'Europe pour la mettre en équilibre, que répond-il?

Il répond .

« Il n'y a que deux nations : l'Orient et l'Occi-
» dent. La France, l'Angleterre et l'Espagne ont les
» mêmes mœurs, la même religion, les mêmes idées
» à peu près ; ce n'est qu'une famille. Ceux qui
» veulent la mettre en guerre veulent la guerre
» civile (1).

» Le rétablissement de la Pologne m'a toujours
» paru désirable pour toutes les puissances de l'Occi-
» dent. Tant que ce royaume ne les a pas retrouvées,
» l'Europe sera sans frontières du côté de l'Asie, et
» l'Autriche et la Prusse resteront face à face vis à
» vis du plus puissant empire de l'univers.

» Je suis venu dans l'intérêt de l'équilibre euro-
» péen tenter une entreprise des plus difficiles à la-
» quelle les Polonais ont plus à gagner que personne,
» puisque c'est de leur existence nationale qu'il
» s'agit en même temps que des intérêts de l'Eu-
» rope (2).

» L'Europe ne présentera bientôt plus que deux
» partis ennemis ; on ne s'y divisera plus par peu-
» ples et par territoires, mais par couleur et par
» opinion (3).

---

(1) *Dictionnaire Napoléon*, p. 386. (2) P. 423.
(3) *Mémorial de Sainte-Hélène*, 13 avril 1816.

» L'Angleterre et la France ont tenu dans leurs
» mains le sort de la terre, celui surtout de la civi-
» lisation européenne.... Avec l'école de Fox, nous
» nous serions entendus... nous eussions accompli,
» maintenu l'émancipation des peuples, le règne des
» principes; il n'y eut eu en Europe qu'une seule
» flotte, une seule armée; nous aurions gouverné le
» monde (1).

» Dans cette immense lutte du présent contre le
» passé, j'étais l'arbitre et le médiateur naturel; j'a-
» vais aspiré à en être le juge suprême; toute mon
» administration au dedans, toute ma diplomatie au
» dehors roulaient vers ce grand but (2).

» Je voulais préparer la fusion des grands inté-
» rêts européens, ainsi que j'avais opéré celle des
» partis au milieu de nous. J'ambitionnais d'arbitrer
» un jour la grande cause des peuples et des rois ;
» il me fallait donc me créer des titres auprès des
» rois, me rendre populaire au milieu d'eux. Il est
» vrai que ce ne pouvait être sans perdre auprès des
» peuples; je le sentais bien; mais j'étais tout puis-
» sant et peu timide; je m'inquiétais peu des mur-
» mures passagers des peuples, bien sûr que le ré-
» sultat devait me les ramener infailliblement (3).

» J'eusse fait la conquête morale de l'Europe,

____

(1) *Mémorial de Sainte-Hélène*, 20 avril 1816. (2) 18 avril 1816.
(3) Avril 1816.

» comme j'ai été sur le point de l'accomplir par les
» armées... Une de mes plus grandes pensées avait
» été l'agglomération, la concentration des mêmes
» peuples géographiques qu'ont dissous, morcelés, les
» révolutions et la politique. Ainsi l'on compte en
» Europe, bien qu'épars, plus de trente millions de
» Français, quinze millions d'Espagnols, quinze mil-
» lions d'Italiens, trente millions d'Allemands;
» j'eusse voulu faire de chacun de ces peuples un
» seul et même corps de nation. C'est avec un tel
» corps qu'il eût été beau de s'avancer dans la pos-
» térité et la bénédiction des siècles. Je me sentais
» digne de cette gloire!

» Après cette simplification sommaire, il eut été
» plus possible de se livrer à la chimère du beau idéal
» de la civilisation : c'est dans cet état de choses
» qu'on eût trouvé plus de chances d'amener partout
» l'unité des codes, celle des principes, des opinions,
» des sentiments, des vues et des intérêts. Alors peut-
» être, à la faveur des lumières universellement ré-
» pandues, devenait-il permis de rêver, pour la
» grande famille européenne, l'application du con-
» grès américain, ou celle des amphyctions de la
» Grèce; et quelle perspective alors de force, de
» grandeur, de jouissances et de prospérité! Quel
» grand et magnifique spectacle (1)!

(1) *Mémorial de Sainte-Hélène*, 11 novembre 1816.

» J'eus voulu pour toute l'Europe l'uniformité des
» monnaies, des poids, des mesures, l'uniformité de
» législation. Pourquoi mon code Napoléon, n'eût-il
» pas servi de base à un code européen, et mon uni-
» versité impériale à une université européenne? De
» la sorte, nous n'eussions réellement composé, en Eu-
» rope, qu'une seule et même famille. Chacun en voya-
» geant n'eût pas cessé de se trouver chez lui (1). »

Nulle part l'empereur Napoléon Ier ne trace le partage de l'Europe, nulle part il ne détermine ce qu'on
doit entendre par l'Equilibre européen. C'est qu'en
effet, cela lui eût été impossible, même avec tout son génie. L'Equilibre européen que l'on critique est un mensonge ; celui que l'on rêverait serait une chimère. L'alternative est donc entre une chimère et un mensonge.

Loin de penser à diviser, Napoléon Ier pense, au contraire, à agglomérer, à faire de chacun des peuples de
l'Europe « un seul et même corps de nation. » S'il parle
« d'Equilibre européen, » ce n'est qu'en passant et
qu'en s'adressant aux Polonais. Il proclame que l'Europe ne doit plus « se diviser par peuples et par territoires, mais par couleur et par opinion. » Il déclare
qu'avec Fox il se fût entendu pour « qu'il n'y eût
plus en Europe qu'une seule flotte et une seule armée. »
Il ajoute qu'il préparait « la fusion des grands intérêts européens ; » que ce qu'il se proposait, c'était

---

(1) *Mémorial de Sainte-Hélène*, 14 novembre 1816.

surtout « la conquête morale de l'Europe ; » que ce qu'il voulait, c'était « l'unité de code, un code européen, » c'était « l'uniformité des monnaies, poids et mesures, » c'était enfin que « l'Europe ne formât qu'une seule et même famille. » En parlant de l'Europe, il ne dit pas l'Equilibre européen ; il dit : « la Civilisation européenne, » expression aussi précise, aussi juste que l'autre est vague et fausse.

A moins qu'il ne dise : l'Europe tenue en équilibre sur la pointe d'une baïonnette, l'Equilibre européen est un mot qui ne dit rien ; la Civilisation européenne est un mot qui dit tout.

X

L'arbitrage européen, tel qu'il a été admis, en 1856, par le congrès de Paris (1), était une idée louable ; mais, pour qu'elle fût une idée juste, il eût fallu qu'on ne fît pas ce qu'on fait toujours ; il eût fallu qu'aussitôt après avoir proclamé le principe, on ne reculât pas devant la conséquence ; il eût fallu qu'on ne s'arrêtât pas à mi-chemin ; il eût fallu enfin qu'on ne craignît pas d'être logique.

---

(1) Congrès de Paris, séance du 14 avril 1856.

« MM. les plénipotentiai es n'hésitent pas à exprimer, au nom de leur gouvernement, *le vœu* que les États entre lesquels s'élèverait un dissentiment sérieux, avant d'en appeler aux armes, eussent re-cours, *en tant que les circonstances l'admettraient*, aux bons offices d'une puissance amie. »

La conséquence de l'arbitrage européen, c'était le désarmement européen.

Sans le désarmement, l'arbitrage ne signifiait rien, et ne devait aboutir qu'à sa propre déconsidération. Il était un vœu, il n'était pas un principe.

Aussi ce que j'avais prévu est-il arrivé : l'arbitrage de 1856 n'a pas empêché la guerre de 1859.

Si l'arbitrage européen eût été, comme il eût dû l'être, le désarmement européen, l'Autriche, cessant d'être écrasée financièrement sous le poids de son armée, eût pu successivement alléger les impôts, sous lesquels, à son tour, elle était obligée d'écraser la Lombardie et la Vénétie pour subvenir à l'entretien de cette armée exhorbitante. Le poids des impôts rendu moins pesant, le poids de la domination eût paru plus léger. Il n'est pas sans exemple qu'en détruisant un effet, on en ait en même temps détruit la cause.

Le désarmement européen était dans l'intérêt de toutes les puissances qui ont voté l'arbitrage européen. Comment ayant voté l'arbitrage n'ont-elles pas voté le désarmement? Elles ne l'ont pas voté parce que cela eut complété la mesure. Il n'y a pas eu d'autre raison. L'initiative du vœu consigné dans le protocole de la séance du 14 avril 1856 du Congrès de Paris appartient à lord Clarendon, appuyé par le comte Walewski; mais ces deux plénipotentiaires, au lieu de combattre les objections, transigèrent avec elles; au lieu de faire de la logique, ils firent de la diplomatie. Ils déclarèrent qu'en proposant de féconder le germe déposé dans l'article 8 du traité de Paris (1), il ne s'agissait pas de circonscrire l'autorité des gouvernements, et moins encore de porter atteinte à leur indépendance ; que chaque Etat était et demeurait le seul juge des exigences de son honneur et de ses intérêts ; qu'il n'était question ni de prendre un engagement ni d'établir un droit ; qu'enfin le vœu du congrès n'aliénerait en aucun cas la liberté d'appréciation que devait conserver toute puissance indépendante.

Où donc, je le demande, eût été le tort, lorsqu'il s'agissait de mettre l'Europe à l'abri du risque de guerre, de circonscrire l'autorité des gouvernements, dût-on même en cela porter atteinte à leur indépendance et restreindre leur liberté d'appréciation ? Dès que l'on avait admis la restriction sur un point sans se laisser arrêter par des scrupules excessifs, pourquoi ne pas étendre la restriction à toutes les autres éventualités de même nature ? Pourquoi, dans le protocole du 14 avril, convertir en *faculté* ce qui était une *obligation* dans le traité du 30 mars ? Pourquoi

---

(1) TRAITÉ DE PARIS : 30 mars 1856.

Article 8.

« S'il provenait entre la Sublime-Porte et l'une ou plusieurs des puissances signataires un dissentiment qui menaçât le maintien de leurs relations, la Sublime-Porte et chacune de ces puissances avant de recourir à l'emploi de la force mettront les autres parties contractantes en mesure de prévenir cette extrémité par leur action médiatrice. »

deux rédactions différentes, lorsqu'une seule était préférable?

Au lieu de cette rédaction du protocole du 14 avril 1856 :

« MM. les plénipotentiaires n'hésitent pas à exprimer, au nom de leur gouvernement, *le vœu* que les Etats entre lesquels s'élèverait un dissentiment sérieux, avant d'en appeler aux armes, eussent recours, *en tant que les circonstances l'admettraient*, aux bons offices d'une puissance amie. »

Il n'y avait qu'à abréger ainsi celle de l'article 8 du traité de Paris du 30 mars 1856 :

« S'il survenait entre les puissances signataires un dissentiment qui menaçât le maintien de leurs relations, chacune de ces puissances, avant de recourir à l'emploi de la force, *mettra* les autres Parties contractantes *en mesure* de prévenir cette extrémité par leur action médiatrice. »

Par cette rédaction, si elle eût été proposée et adoptée, le désarmement européen découlait naturellement de l'arbitrage européen, qui devenait alors un principe, au lieu d'un vœu.

Par cette rédaction, la diplomatie que son impuissance avait discréditée se réhabilitait dans l'estime des peuples.

Par cette rédaction, l'Europe épargnait en 1857 et en 1858 plus de milliards qu'il ne lui en eût fallu pour compléter toutes les mailles de son immense réseau de chemins de fer, cette assurance générale contre le risque des mauvaises récoltes toujours partielles.

Par cette rédaction, enfin, la guerre n'éclatait pas :
premièrement parce que l'Autriche, la France et le
Piémont eussent déjà opéré leur désarmement, question préjudicielle qui, alors, ne se posait point ;
deuxièmement parce qu'au lieu d'échanger en vain
des dépêches entre Berlin, Londres, Paris, Saint-Pé-
tersbourg et Vienne, faire voyager inutilement lord
Cowley, faire télégraphier infructueusement le comte
Kisseleff, discuter si le Congrès proposé se tiendrait
à Genève, à La Haye ou à Bade, le tout pour aboutir
à l'ultimatum du comte Buol signifié au comte Cavour
par le baron Kellersberg, et brusquement suivi du
passage du Tessin par l'armée autrichienne, le différend entre l'Autriche et le Piémont, toutes les deux
puissances signataires du traité de Paris, eût été tout
naturellement porté soit par le Piémont soit par l'Autriche devant les autres puissances signataires qui
l'eussent vidé.

Mais cette rédaction eut eu un sens ; conséquemment elle eut eu contre elle la majorité des membres
du Congrès de Paris; c'est l'excuse que donne la mi-
norité pour se justifier de ne l'avoir point présentée.
Mauvaise excuse ! Il vaut mieux avoir raison tout
seul que d'avoir tort avec tous ; il vaut mieux avoir
raison trop tôt que d'avoir raison trop tard ! La raison qui est une question de nombre ou une question
de temps n'est pas la raison.

Rien n'échappe à la logique, pas même l'inconséquence. L'arbitrage européen n'ayant pas eu pour

conséquence le désarmement européen, a eu pour conséquence de son inconséquence l'armement européen.

L'Angleterre arme.

La Bavière arme.

La Belgique arme.

L'Espagne arme.

Le Hanovre arme.

Le Nassau arme.

La Moldo-Valachie arme.

La Prusse arme.

La Russie arme.

La Saxe arme.

La Servie arme.

La Turquie arme.

C'est à qui armera ! grandes et petites puissances, même celles qui n'ont pas assez d'argent pour mettre des cailloux dans les ornières de leurs routes. Pourquoi arment-elles ? — Elles seraient bien embarrassées de le dire. Elles arment pour armer ; elles arment comme les moutons se suivent : elles arment parce que la routine est d'armer et que de désarmer serait le progrès.

Et parmi tous les hommes d'État qui se décernent à eux-mêmes ce titre, c'est en vain qu'en Europe j'en cherche un qui se frotte les mains en disant : Ruinez-vous les uns les autres ; pendant que vous perdrez le temps à fondre des boulets et des balles, à rayer des canons et à blinder des vaisseaux, j'en profiterai pour mettre l'agriculture et l'industrie de mon pays en mesure

de n'avoir besoin d'aucune protection nationale, et de ne
redouter aucune concurrence étrangère au jour inévitable où la rivalité s'éteindra pour faire place à la réciprocité, où la réciprocité seule réglera tous les rapports de
gouvernement à gouvernement et de peuple à peuple.

Et parmi tous ces journaux qui couvrent ma ta-
ble (1), c'est également en vain que j'en cherche un
seul à qui la guerre en Europe, et en 1859, ne paraisse
pas une chose toute simple. Échos sonores de tous les
solennels non-sens qui se débattent sérieusement en tous
pays, en Angleterre aussi bien qu'en Allemagne, sur
« la nécessité de maintenir l'équilibre européen, de
garder la foi des traités, de conserver la neutralité, etc., » ces journaux les répètent impassiblement
sans y trouver rien à redire. Que dis-je ! ils se com-
plaisent à les accréditer. Il faut en convenir : si le
sens-commun s'est fait américain, le lieu-commun a tenu
à rester européen. Cela s'explique : le premier est allé
et le second est resté où ils ne sont pas troublés.

XI

Toute guerre finit alors même qu'elle ne résout
rien. La guerre entre la Russie, d'une part, la
France, l'Angleterre et la Turquie, d'autre part, cette

---

(1) A peine venais-je d'écrire ces lignes que je recevais le *Moniteur universel* où je lisais :

« Alexandrie, 28 mai, 11 h. 10 m.

» L'Empereur, voulant diminuer autant qu'il dépend de lui les maux que la guerre qui a coûté la vie à plus de quatre cent mille hommes et aux puissances belligérantes plus de quatre milliards, s'est terminée, en 1856, sans mettre les clefs des Dardanelles beaucoup plus en sûreté après qu'avant; la guerre entre l'Autriche, d'une part, la France et le Piémont, d'autre part, se terminera également une année ou l'autre; mais ce qu'aura perdu l'Autriche, l'Equilibre européen le gagnera-t-il, c'est-à-dire l'Europe sera-t-elle moins exposée au risque de guerre, le désarmement européen sera-t-il plus près de s'accomplir?

Qui veut la fin doit vouloir les moyens. Il importe donc qu'on sache dès à présent que le jour où l'on voudra sérieusement conclure la paix et la fonder, il faudra laisser à l'écart le mot d'Equilibre européen pour y substituer l'expression de Civilisation européenne traduite en fait par le désarmement européen,

---

guerre entraîne avec elle, et donner l'exemple de la suppression des rigueurs qui ne sont pas nécessaires, a décidé que tous les prisonniers blessés seraient rendus à l'ennemi sans échange, dès que leur état leur permettrait de retourner dans leur pays.

—

« Jusqu'à présent le gouvernement de l'Empereur n'a jamais considéré le charbon de terre comme un objet de contrebande de guerre, et nous sommes en mesure d'annoncer qu'il se conformera, durant la guerre actuelle, à cette manière de voir. »

C'est là un noble langage que je suis heureux de louer; mais plus il est conforme aux progrès de notre société, et plus il prouve que la guerre est un anachronisme. Lorsqu'un gouvernement rend ainsi aux prisonniers la liberté de retourner sous leur drapeau, le moment n'est pas loin où l'on trouvera encore mieux de n'en plus faire, et surtout de ne plus tuer ni mutiler de braves gens qui n'eussent demandé qu'à vivre en paix du fruit de leur travail.

et le libre échange, c'est-à-dire par le règne des principes succédant au régime des traités.

La réciprocité est un principe mathématiquement exact qui, s'il était appliqué, simplifierait tous les rapports internationaux et rendrait inutiles tous les traités comme tous les tarifs. Qu'on y réfléchisse mûrement et l'on reconnaîtra que ce ne sera qu'en supprimant tous les bureaux de douanes qu'on dénouera toutes les questions de frontières. Alors les grands États seront aux petits États ce que les grandes fabriques sont aux petites fabriques, obligées pour soutenir la concurrence à plus d'activité ou à plus d'économie, sous peine de périr. Dans cet ordre d'idées où tous les chemins de fer au moyen de tunnels sous les montagnes et de ponts sur les fleuves s'appliqueraient à s'épargner les uns les autres les nécessités et les frais de transbordements, où ils n'auraient plus à s'arrêter pour que la douane visite les voyageurs, ouvre ou plombe les colis, qu'importerait d'avoir ou de n'avoir pas pour frontière un large fleuve ou bien une haute montagne!

— Remplacer l'Équilibre européen par le libre-échange, par l'échange universel (1), substituer à la foi des traités l'abolition des tarifs... Est-ce là, me crie-t-on dédaigneusement, ce que vous osez appeler une solution ?

---

(1) « Le système colonial que nous avons vu est fini pour nous
il l'est pour tout le continent de l'Europe. Nous devons y renoncer

—Oui, c'est là ce que j'ose appeler une solution, et j'offre de prouver contre tout contradicteur qui entreprendra de soutenir le contraire, que cette solution est la seule, qu'il n'y en a pas d'autre.

— Mais, reprend-on, le libre-échange, ce serait la ruine de l'industrie française!

— Ne dites pas, Messieurs, l'industrie française, dites l'industrie particulière que nous exerçons, et encore même, en vous exprimant ainsi, ne seriez-vous pas dans le vrai, car si tous les Etats d'Europe employaient exclusivement à féconder la paix tout l'argent qu'ils dépensent en armements, en équipements, en soldats, en munitions, en casernes, en arsenaux, en vaisseaux de guerre, en ports militaires et en fortifications, ce serait à peine si en Angleterre, en Belgique, en France, en Prusse, il y aurait assez de bras pour suffire à l'extraction de la houille; assez de hauts fourneaux pour suffire à la consommation de la fonte; assez de marteaux pour marteler le fer; assez de laminoirs pour laminer les rails; assez de drap pour vêtir le travailleur transformé en consommateur, grâce à la hausse générale du salaire; assez de toile pour tous les besoins où le chanvre et le lin sont préférés au coton, soit par luxe, soit par économie. Vous ne protestez pas hautement contre la guerre qui ra-

---

et nous rabattre désormais sur la libre navigation des mers et l'entière liberté d'un échange universel. »
NAPOLÉON : *Mémorial de Sainte-Hélène*, 12 juin 1816.

lentit les chemins de fer commencés, ces insatiables consommateurs de fer, de fonte et de houille ; qui arrête partout la construction des maisons neuves, ces autres grands consommateurs de fer, et retarde ainsi la transformation des vieux quartiers, où ne pénétraient ni l'air, ni le jour, en quartiers nouveaux, où l'on voit clair et où l'on respire ; qui éteint l'un après l'autre les hauts fourneaux ; qui fait chômer les filatures ; qui fait pis encore, qui abrége les termes du crédit et élève le taux de l'escompte ; et vous protestez bruyamment contre le libre-échange ! Grands enfants que vous êtes, le mal vous fait moins peur que le remède. Oui, le remède à ce mal, dont le premier degré s'appelle la paix armée, et le second degré s'appelle la guerre déclarée, est le libre-échange précédant ou suivant le désarmement européen.

Le libre-échange, c'est l'unité de l'Europe.

L'unité de l'Europe, c'est la pensée que Napoléon Ier disait qu'il eût accomplie conjointement avec Fox ; déjà les chemins de fer l'avaient réalisée en très grande partie ; on peut dire qu'ils l'avaient amenée à l'état d'un édifice auquel il ne manquait plus que la toiture. Mais ce que peuvent les mots sur les choses !

Si, au lieu de se servir de ce mot absurde : *l'Équilibre européen*, emprunté au vocabulaire diplomatique, ministres et diplomates, orateurs et publicistes, et surtout journaux, se fussent servis de cette expression juste empruntée à Napoléon Ier : *la Civilisation européenne*, il n'y avait pas, en 1853, de question d'Orient, il n'y avait pas d'expédition de Crimée, il n'y avait pas, en 1859, de question d'Autriche, il n'y avait pas d'expédition d'Italie.

En effet, qui dit Civilisation européenne dit, par voie de déductions :

Paix assurée contre le risque de guerre entre tous les peuples, sans distinction entre les grands et les petits; conséquemment, confédération européenne, rendant inutile toute confédération italienne, absorbant la Confédération germanique et la Confédération helvétique, leur empruntant leur principe et devenant ainsi la Confédération pacifique;

Unité dans la pluralité, *pluribus unum*, ce qui est la devise des États-Unis d'Amérique;

L'individu avant la nation, l'humanité avant la société;

Guerre à l'ignorance populaire, à la paresse invétérée, à la misère héréditaire : tous les hommes ayant reçu ou recevant l'instruction nécessaire à l'entier développement de leur intelligence, à la pleine culture de leur raison, tous les milliards gaspillés en casernes et en soldats cessant d'être dépensés ainsi pour être désormais dépensés en écoles et en instituteurs;

Activité de tous et de chacun portée à sa plus haute puissance : conséquemment, la société retirant de l'homme toute la force utile qui est en lui;

Equilibre entre le consommateur qui ne produit pas tout ce qu'il consomme et le producteur qui ne consomme pas tout ce qu'il produit;

Juste rémunération du travail, le droit du travailleur pleinement reconnu : conséquemment bien-être universel ;

Élargissement et assainissement des villes condamnées dans le passé à l'insalubrité, condamnées à manquer d'espace, par l'état de guerre perpétuelle qui les obligeait de s'entourer étroitement de remparts et de fossés pour assurer leur défense ;

Neutralisation des mers et dénationalisation des détroits ;

Fin des traités écrits, secrets ou publics, et des tarifs douaniers : conséquemment plus de diplomatie, plus de douanes, tous les rapports politiques et économiques ayant pour mesure et pour règle la réciprocité succédant à la rivalité ;

Unité, non pas seulement unité de législation, unité de monnaies, unité de poids et mesures, mais encore unité d'impôt, unité de salaire, unité de taxe postale, unité de taxe télégraphique, unité kilométrique de tarifs sur les chemins de fer ;

Chemins de fer en Algérie, en Allemagne, en Angleterre, en Autriche, en Espagne, en Italie, en France, en Portugal, en Russie, en Turquie, dans tous les petits États comme dans les grands, dans toute l'Europe enfin, de telle sorte que la récolte puisse manquer sur un point sans s'y faire sentir et sans jamais élever sensiblement le prix du pain ;

Abolition de l'inscription maritime en même temps que du recrutement obligatoire, et abaissement général du prix du fret, la marine militaire ne faisant plus à la marine marchande une concurrence ruineuse autant qu'inutile ;

Transformation de toutes les questions politiques en questions économiques et solution de toutes les questions économiques par la puissance du crédit moderne appliquée à alléger le Présent en donnant l'Avenir pour contrepoids au Passé ;

Assurance universelle contre tous les risques, y compris celui de guerre (1);

Qui dit Civilisation européenne dit enfin et en deux mots : L'Europe neutralisée.

Répétera-t-on encore que c'est là une utopie? Mais si la Civilisation européenne est qualifiée d'utopie, comment qualifiera-t-on l'Equilibre européen, qui ne peut se tenir debout qu'en obligeant toutes les nations grandes et petites à entretenir en permanence chacune une armée qui les ruine, et cela pour aboutir à la guerre, qu'elles ont la prétention d'éviter par ce moyen qu'elles déclarent le meilleur? Ne serait-il pas temps d'en finir avec ce moyen si inefficace, si coûteux, et d'en essayer d'un autre qui coutât moins?

L'expérience démontre que la paix armée ne sert qu'à écraser les peuples et ne sert point à empêcher la guerre. De peuples à peuples, il n'y a plus que des

---

1) Voir POLITIQUE UNIVERSELLE (3ᵉ édition), la formule d'assurance, p. 290.; QUESTIONS DE MON TEMPS, t. IX, *Assurance contre le risque de guerre*, p. 789; la Paix armée et la Paix assurée, p. 817,

rivalités industrielles, il n'y a plus de haines territo-
riales : la guerre de Crimée l'a prouvé en montrant les
Français et les Russes luttant les uns avec les autres
de cordialités, dès qu'ils cessaient un seul jour de se
mitrailler. Les gouvernements ne sont plus poussés à
la guerre par les peuples, ce sont les peuples qui y sont
poussés par les gouvernements. A quoi servent donc
es gouvernements, si ce n'est à avoir au moins autant
de raison que les peuples dont ils ont la prétention
d'être les tuteurs? Les gouvernements ne manquent
jamais une occasion d'étaler, de déplorer et de flétrir
les désastres et les excès qui accompagnent les révolutions; les désastres et les excès qui accompagnent
les guerres ne sont-ils pas égaux? Que dis-je! ne sont-
ils pas plus grands? En quoi les guerres sont-elles
donc plus excusables que les révolutions? Le sang
que celles-là font couler en plus grande abon-
dance que celles-ci est-il donc moins pur? Le pillage par l'armée (1), parce qu'il dure plus longtemps et se renouvelle plus souvent, est-il donc
plus légitime que le pillage par le peuple? Je ne
dis pas ceci pour glorifier les révolutions, je le dis pour
flétrir les guerres; je le dis pour tenir exactement la
balance et rétablir impartialement la vérité entre la
gloire par le sabre et la liberté par la hache. Ni haches,
ni sabres; ni révolutions, ni guerres. Si les gouverne-

---

(1) Voir la proclamation affichée à Mortara le 24 mai 1859 et si-
gnée *le commandement du 7ᵉ corps d'armée I. et R.*, Zobel.

ments sont fondés à protester contre les révolutions, en quoi les peuples le seraient-ils moins à protester contre les guerres? Les peuples que soudainement l'on déclare ennemis sont-ils préalablement consultés? N'est-on soldat qu'autant qu'il plaît d'aller affronter les balles et les boulets? Est-ce volontairement qu'en ce moment, sur les rives du Tessin, le Hongrois croise la baïonnette contre l'Italien?

Qui condamne la révolution n'a pas le droit logiquement d'absoudre la guerre.

La guerre, comme la révolution, opère par voie de destruction; la civilisation opère par voie de transformation; je suis pour ce qui transforme et non pour ce qui détruit; je repousse donc la guerre au même titre que la révolution, ces deux filles de la même mère : la Force; je les repousse l'une et l'autre sous quelque drapeau qu'elles s'abritent, sous quelque faux nom qu'elles se cachent; l'Equilibre européen ne cessant d'être la paix armée que pour devenir la guerre déclarée, je suis pour la Civilisation européenne, dont personne ne parle, contre l'Equilibre européen dont parle tout le monde, sans que qui que ce soit puisse dire ce qu'il entend par ce mot qui m'a servi de titre.

XII

En ce moment d'ivresse et d'angoisse, où il semble qu'il ne puisse y avoir d'autre lecture que celle des bulletins de l'armée apportés par l'électricité accusée de lenteur, peut-être, en arrivant à la dernière page de cet écrit, me demandera-t-on pourquoi je l'ai fait paraître.

Si on me le demande, je répondrai que je l'ai fait paraître parce que je n'ai retrouvé dans aucun journal la voie que je me souvenais d'avoir tracée entre la guerre qui est une routine et la paix qui est une lâcheté. Ni lâcheté ni routine! La paix qui rapetisse un peuple n'est point la paix; c'est la pente qui le ramène à la guerre. Ce ne sera donc jamais de cette paix-là que je prendrai la défense. La paix que je persiste à défendre et qui n'a plus d'organe, ce n'est pas la paix qui enchaîne le faible, c'est la paix qui transforme le fort; c'est la paix que Napoléon premier consul offrait au roi d'Angleterre et caractérisait en ces termes dans la lettre qu'il lui écrivait en 1800 : « La paix est le premier des besoins comme » la première des gloires; » c'est la paix qui sera mûre le lendemain de notre première grande victoire.

Paix qui sera trop glorieuse à conclure pour qu'il ne soit pas honorable de lui rester fidèle!

FIN

APPENDICE

<>

GRANDE-BRETAGNE

Ouverture du Parlement.

DÉCLARATIONS DE LA REINE VICTORIA.

(Séance du 2 février 1859.)

« *Maintenir intacte la foi des traités publics*, et contribuer, autant que mon influence peut s'étendre, au maintien de la paix générale, tels sont les objets de ma constante sollicitude. »

(Séance du 7 mai 1859.)

« Recevant des assurances d'amitié de la part des deux parties belligérantes, je me propose de maintenir entre elles une neutralité stricte et impartiale, et j'espère, avec l'aide de Dieu, conserver à mon peuple les bienfaits de la paix. *Toutefois, eu égard à l'état actuel de l'Europe, j'ai jugé nécessaire à la sécurité de mes États* et à l'honneur de ma couronne *d'augmenter mes forces navales* jusqu'à un chiffre qui excédera celui qui a été autorisé par le parlement. Je compte avec confiance sur votre concours cordial en faveur de cette mesure de précaution d'une politique défensive. »

DÉCLARATION DE LORD DERBY.

(Banquet du lord-maire : 25 avril 1859.)

« Notre *neutralité armée* ne doit avoir d'autre but que de maintenir la position que nous avons prise, et que nous sommes résolus de conserver aussi longtemps que possible, savoir, une neutralité parfaite et entière, libre de tout engagement, sans conditions ni promesses qui nous lient. »

DÉCLARATION DE M. DISRAÉLI.

(Discours à ses électeurs : 5 mai 1859.)

« On a dit que nous devions avoir une flotte puissante dans le Canal ; eh bien ! avant six semaines, vous n'aurez pas seulement une flotte puissante dans le Canal, vous en aurez encore une puissante dans la Méditerranée. »

PRUSSE

CHAMBRE DES DÉPUTÉS DE BERLIN.

(Séance du 5 mai 1859).

M. DE SCHLEINITZ, *ministre des affaires étrangères :*

« Le gouvernement vient d'étendre à toute l'armée prussienne la mise sur pied de guerre ordonnée récemment pour le contingent fédéral prussien, composé de trois corps d'armée. Et c'est dans le même sentiment et avec les mêmes motifs qu'il se présente aujourd'hui à la Chambre pour demander de lui accorder un crédit dont il a absolument besoin si la Prusse doit attendre avec confiance toutes les éventualités et satisfaire à la tâche qu'elle s'est posée dans la crise actuelle, la tâche de veiller à la sûreté de l'Allemagne, à la sauvegarde des intérêts nationaux, au *maintien de l'équilibre européen.* »

RAPPORT DE LA COMMISSION.

(Séance du 11 mai 1859.)

« La commission a généralement approuvé le gouvernement d'avoir pris une position médiatrice, surtout à partir du moment où la France prenant parti pour le différend italien, il acquit des dimensions plus grandes et plus dangereuses, et d'avoir maintenu cette position et considéré l'arrangement du différend comme l'affaire commune des cinq grandes puissances.

» Cette position médiatrice a été expliquée plus clairement encore par les représentants du gouvernement, qui ont déclaré que dès le commencement la Prusse n'avait pas permis de douter qu'elle regardait le maintien de la paix comme un intérêt européen, et que toute intention de violer cette paix serait reçue par elle avec un grande défaveur ; qu'*elle avait hautement proclamé la validité des traités,* et n'avait donné à aucune puissance l'assurance de son secours et encore moins de sa *neutralité.*

» Le gouvernement déclare que, même après que la guerre a éclaté, il veut conserver la position qu'il a prise, avec les simples modifications que suppose le changement des circonstances. *Il veut agir en vue du rétablissement de* la paix, *comme médiateur armé.* Il demande ces crédits uniquement dans des buts militaires, et désigne la double tâche que la Prusse doit se proposer dans la situation actuelle : d'abord de se préoccuper de la *protection et de la sûreté de l'Allemagne ;* ensuite de veiller à la sauvegarde

des intérêts nationaux, et, parmi *ces intérêts nationaux,
il compte particulièrement le maintien de l'équilibre européen.* »

CHAMBRE DES SEIGNEURS.

(Séance du 15 mai 1859.)

M. DE SCHLEINITZ, *ministre des affaires étrangères :*

« Deux des honorables préopinants ont parlé du mécon-
tentement qui s'est manifesté contre la Prusse dans diver-
ses parties de l'Allemagne, notamment dans l'Allemagne
méridionale. C'est là malheureusement un fait, et un fait
que personne ne regrette plus sincèrement que moi. Mais,
messieurs, mes regrets seraient bien plus profonds et plus
douloureux, si j'étais obligé de me dire que la Prusse s'est
attiré par sa faute cette défaveur de l'opinion.

» Heureusement, il n'en est pas ainsi, et nous pouvons
opposer aux accusations et suspicions élevées contre nous,
non-seulement l'égide d'une conscience parfaitement calme
et pure, mais des faits positifs qui prouvent plus que des
discours et des paroles combien la Prusse a à cœur sa mission allemande, combien elle est prête et décidée à remplir
cette mission, bien *au delà de ce qu'exigent ses obligations
fédérales.*

» S'il en est ainsi, messieurs, nous pouvons, je le crois,
abandonner sans crainte à l'avenir et au développement
ultérieur des faits le soin de notre justification.

» Le temps viendra, et il viendra peut-être bientôt, où
on reconnaîtra partout qu'en Prusse on comprend l'honneur
allemand, et le *droit allemand,* et les intérêts allemands, au
moins aussi bien que dans une autre partie quelconque de
notre grande et commune patrie. (Bravos.)

» Du reste, messieurs, je ne méconnais nullement ce que
dans l'essor actuel de l'Allemagne il y a de bon, de juste,
de grand. Si je comprends bien le sens de ce mouvement
des esprits, il s'y manifeste avant tout le vœu et la pensée
de ce grand pays d'apparaître maintenant et dans l'avenir,
vis à vis de *l'étranger,* comme une *unité,* comme *un tout
indissolublement uni,* et mettre comme tel dans la *balance
politique* le poids total et imposant de sa force. (Très bien!)

« Or, ce sont là, messieurs, des vœux et des tendances
que tout Allemand ne peut saluer qu'avec joie, et auxquels,
dans ma conviction, jamais l'État prussien ne voudra et ne
pourra s'opposer. » (Bravos.)

CLOTURE DE LA SESSION.

Discours de S. A. R. le Prince-Régent.

« La guerre, que les efforts persévérants et loyaux de
mon gouvernement ont vainement tenté de prévenir, a
éclaté en Italie.

» La gravité de cette situation exigeait la préparation de guerre de l'armée. Cette préparation de guerre a dû être étendue également à la marine, pour le développement ultérieur de laquelle vous avez accordé les moyens nécessaires.

» L'unanimité avec laquelle vous avez voté les grandes sommes nécessaires pour le cas de mobilisation de toute l'armée est un nouveau témoignage du sentiment patriotique éprouvé du pays. Recevez-en mes sincères remercîments. La nation n'est pas restée en arrière de votre empressement. Toutes les réserves et les artilleurs de la landwehr ont rejoint avec joie leur drapeau. L'attitude et l'esprit de l'armée me remplissent d'une ferme confiance, quelles que soient les éventualités de l'avenir. Elle ne restera pas, je le sais, au-dessous des grandes actions, au-dessous de la gloire des pères.

» Messieurs, la Prusse est décidée à *sauvegarder les bases de l'état légal européen, de l'équilibre de l'Europe. C'est son droit et son devoir de défendre et protéger la sûreté et les intérêts nationaux de l'Allemagne.* Elle ne laissera pas sortir de ses mains la sauvegarde de ces biens.

» La Prusse compte que tous ses confédérés allemands s'uniront fortement à elle pour remplir cette tâche, et qu'ils répondront par leur confiance à son empressement pour *défendre la patrie commune.* »

CONFÉDÉRATION GERMANIQUE

Diète de Francfort.

(Séance du 25 mai 1859).

DECLARATION DE L'ENVOYÉ PRUSSIEN.

« La mission de conserver à l'Europe les bienfaits de la paix est trop importante pour que la Prusse puisse cesser ses efforts et abandonner les espérances qu'elle a d'atteindre ce but. Cependant, le gouvernement royal ne peut cacher à ses confédérés allemands qu'il est convaincu que, d'après l'état actuel des complications, le repos de l'Europe est sérieusement menacé. La position de la Confédération, au milieu d'armements généraux faits sur une très grande échelle, a été depuis longtemps le sujet de mûres réflexions pour le gouvernement royal, et, s'il a jusqu'ici coopéré volontiers aux mesures isolées de précaution qui avaient trait à la mise en état des moyens de défense, il croit maintenant qu'il *est temps de provoquer des mesures générales ayant pour but, en présence des armements faits par*

les États voisins, de mettre aussi la Confédération germanique à même de se défendre comme il convient.

» Ce n'est que dans ce but, et guidé par le désir de co-
opérer en temps utile à la dignité et à la sûreté de la Confédération. que S. A. R. le Prince-Régent a déjà daigné
ordonner la *mobilisation de trois corps d'armée prussiens
destinés à former le contingent fédéral*. Son Altesse Royale
a le droit d'attendre qu'une pareille démarche sera appré-
ciée comme elle doit l'être par nos confédérés allemands.
que *la Prusse de son côté verra avec plaisir et reconnais-
sance prendre des mesures pareilles*. Du reste, en agissant
ainsi, la Prusse, comme je suis chargé de le déclarer ex-
pressément, est bien éloignée de toute tendance agressive,
attendu qu'elle se propose, dans l'intérêt même de la Confédération, de conserver après comme avant sa position de
puissance médiatrice pour arriver à la solution de la question européenne pendante.

» A l'avis du gouvernement royal, le moment étant venu
pour toute la Confédération d'ordonner. conformément à
son caractère défensif, les armements qui peuvent la mettre
en état d'attendre avec calme la marche ultérieure des
événements pour toutes les éventualités, je fais, selon
l'ordre que j'en ai reçu, la proposition suivante :

« Plaise à la haute Assemblée fédérale d'inviter les gou-
» vernements de la Confédération de tenir prêts à entrer
» en campagne leurs contingents principaux, et de faire
» en même temps dans les forteresses de la Confédération
» tous les préparatifs nécessaires à leur armement. »

PIÉMONT

Chambre des députés de Turin.

(Séance du 25 avril 1859.)

PRÉSIDENCE DE M. RATAZZI.

*Projet de loi pour concéder des pouvoirs extraordinaires
au gouvernement du roi pendant la guerre.*

« Art. 1er. En cas de guerre avec l'empire d'Autriche, le
» roi sera investi de tous les pouvoirs législatifs et exécu-
» tifs, et il pourra, sous la responsabilité ministérielle, faire,
» par ses pleins décrets royaux, tous les actes nécessaires
» pour la défense de la patrie et de nos institutions.

» Art. 2. Les institutions constitutionnelles demeurent
» inviolables. Le gouvernement du roi. pendant la guerre.
» aura la faculté d'adopter des dispositions pour limiter

» provisoirement la liberté de la presse et la liberté indi-
» viduelle. »

Le vote de la loi, dans la même séance, au scrutin se-
cret donne les résultats suivants :
Présents, 136; votants, 134; majorité, 68; votes favora-
bles, 110; votes contraires, 24. La Chambre adopte.

TOSCANE

Circulaire DE M. RICASOLI, *ministre de l'intérieur aux prefets de l'Etat.*

« Le temps reviendra des discussions libres. Aujourd'hui c'est le moment d'agir virilement, avec la concorde qui peut seule triompher de nos ennemis et nous montrer dignes de destinées meilleures. Si, contre mon attente raisonnable, les avertissements ne suffisaient pas, votre seigneurie devra appliquer la loi dans toute sa rigueur, bien assurée de trouver en moi et dans l'opinion publique l'appui qui ne devra jamais manquer à l'autorité n'agissant résolûment que dans l'intérêt de la patrie.

» Au ministère de l'intérieur, le 18 mai 1859. »

(*Moniteur toscan.*)

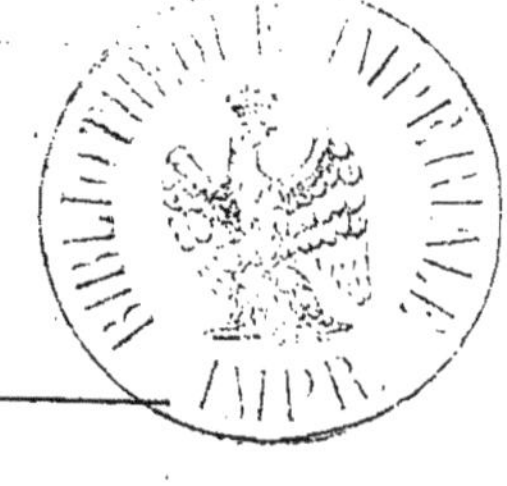

PARIS.—Imprimerie SERRIERE et C⁰, 123, rue Montmartre.
FONDERIE.—CLICHERIE.—GALVANOPLASTIE